Italian Adventures: Bilingual Italian-English Short Stories for Young Language Learners

Coledown Bilingual Books

Published by Coledown Bilingual Books, 2023.

ITALIAN ADVENTURES: BILINGUAL ITALIAN-ENGLISH SHORT STORIES FOR YOUNG LANGUAGE LEARNERS

First edition. October 20, 2023.

Copyright © 2023 Coledown Bilingual Books.

ISBN: 979-8223730163

Written by Coledown Bilingual Books.

Table of Contents

Il Mistero del Bosco Incantato

Un giorno, in un remoto angolo della campagna, c'era un bosco magico chiamato Bosco Incantato. Questo bosco era diverso dagli altri boschi, poiché le creature magiche vi regnavano sovrane. Si raccontava che in questo bosco si potevano trovare fate luminose, gnomi birichini e persino unicorni giocosi. Ma il Bosco Incantato aveva anche un segreto, un mistero nascosto tra gli alberi maestosi e le radure incantevoli.

Nella piccola città vicina, viveva un bambino di nome Luca. Luca era un ragazzo curioso, con capelli arruffati e occhi scintillanti. Amava l'avventura e sentiva una strana connessione con la natura. Passava ore a leggere libri su creature magiche e sognava di esplorare il Bosco Incantato. La sua nonna, la signora Rosa, raccontava spesso storie di quando il Bosco Incantato era una parte speciale della sua infanzia, ma nessuno nella città osava avventurarsi là dentro.

Un giorno, mentre Luca passeggiava tra le stradine acciottolate del suo paese, trovò un antico mappa con un messaggio inciso: "Se vuoi scoprire il segreto del Bosco Incantato, seguimi." La mappa era adornata da foglie d'oro e circondata da intricati disegni di creature magiche. Luca era eccitato, non poteva credere alla sua fortuna. Quella notte, sotto una coperta illuminata da una candela, studiò attentamente la mappa e pianificò il suo viaggio.

Il giorno successivo, Luca si avventurò nel Bosco Incantato, armato solo del suo coraggio, la mappa e la determinazione di scoprire il segreto. Mentre camminava tra gli alberi alti e le farfalle danzanti, il bosco sembrava cambiare attorno a lui. Le ombre si allungavano e si accorciavano, gli alberi sembravano sussurrare segreti e gli uccelli cantavano melodie misteriose.

Dopo un po', Luca si imbatté in una piccola fata con le ali dorate. Si chiamava Aurora ed era intrappolata in una ragnatela d'argento. Luca, con gentilezza, la liberò e la fata gli sorrise, rivelando che avrebbe bisogno del suo aiuto per risolvere il mistero del Bosco Incantato. Insieme, continuarono il loro viaggio attraverso il bosco.

Mentre avanzavano, Luca e Aurora incontrarono un saggio gnomo di nome Mago, il quale li condusse a un antico albero, il Custode del Bosco. L'albero possedeva un volto gentile e rugoso e conosceva il segreto del bosco. Ma per svelare il mistero, Luca doveva dimostrare il suo amore per la natura e le creature magiche del bosco.

Luca si impegnò con tutto il suo cuore, aiutando a raccogliere erbe per guarire gli animali feriti, cantando canzoni alle creature notturne e prendendosi cura del Bosco Incantato come se fosse la cosa più preziosa al mondo. Con il passare del tempo, Luca imparò a comunicare con le creature magiche e divenne parte integrante del bosco.

Dopo molte avventure e sfide, il Custode del Bosco finalmente si rivelò a Luca. Era una creatura maestosa con radici che si intrecciavano con le stelle. Il Custode gli sussurrò il segreto, un segreto che portava con sé da secoli. Il Bosco Incantato era la chiave per proteggere la natura e gli equilibri del mondo.

Luca e Aurora si prepararono a condividere il segreto con il mondo, ma sapevano che dovevano farlo con attenzione. Nel cuore della notte, organizzarono una grande festa nel Bosco Incantato, invitando tutti i cittadini della loro città. La festa fu un'esplosione di gioia, con creature magiche che ballavano tra gli alberi e gli abitanti della città che ammiravano la bellezza del bosco.

Luca raccontò loro il segreto del Bosco Incantato: che l'amore e il rispetto per la natura erano fondamentali per la sua sopravvivenza e che ognuno di loro aveva un ruolo importante da svolgere nella sua preservazione. L'intera comunità si impegnò a prendersi cura della natura e del Bosco Incantato.

Il Bosco Incantato riacquistò la sua antica gloria, grazie all'amore e all'attenzione di Luca e dei suoi amici. E così, il mistero del bosco divenne una leggenda condivisa tra tutti, una storia di come un giovane ragazzo e le creature magiche avevano lavorato insieme per proteggere il meraviglioso Bosco Incantato.

Il Bosco Incantato era il luogo in cui i sogni si avveravano, un luogo di meraviglia e magia, e Luca sapeva che non importava quanto il mondo cambiasse, il Bosco Incantato sarebbe rimasto per sempre, come un rifugio segreto per chi credeva nella magia della natura e nel potere dell'amore.

The Mystery of the Enchanted Forest

One day, in a remote corner of the countryside, there was a magical forest called the Enchanted Forest. This forest was unlike any other, as it was ruled by magical creatures. It was said that in this forest, one could find radiant fairies, mischievous gnomes, and even playful unicorns. But the Enchanted Forest also held a secret, a mystery hidden among its majestic trees and enchanting clearings.

In the small nearby town lived a boy named Luca. Luca was a curious boy with tousled hair and sparkling eyes. He loved adventure and felt a strange connection to nature. He spent hours reading books about magical creatures and dreamt of exploring the Enchanted Forest. His grandmother, Mrs. Rosa, often told stories of when the Enchanted Forest was a special part of her childhood, but no one in town dared venture inside.

One day, while Luca was strolling through the cobblestone streets of his town, he found an ancient map with an engraved message: "If you want to discover the secret of the Enchanted Forest, follow me." The map was adorned with golden leaves and surrounded by intricate drawings of magical creatures. Luca was excited, unable to believe his luck. That night, under a candlelit blanket, he studied the map carefully and planned his journey.

The following day, Luca ventured into the Enchanted Forest armed only with his courage, the map, and the determination to uncover the secret. As he walked among the tall trees and dancing butterflies, the forest seemed to change around him. Shadows lengthened and shortened, trees seemed to whisper secrets, and birds sang mysterious melodies.

After a while, Luca encountered a small fairy with golden wings. Her name was Aurora, and she was trapped in a silver web. Luca, with kindness, set her free, and the fairy smiled at him, revealing that she would need his help to solve the mystery of the Enchanted Forest. Together, they continued their journey through the forest.

As they journeyed, Luca and Aurora met a wise gnome named Mage, who led them to an ancient tree, the Guardian of the Forest. The tree had a kind and wrinkled face and knew the secret of the forest. But to reveal the mystery, Luca had to prove his love for nature and the magical creatures of the forest.

Luca committed wholeheartedly, helping gather herbs to heal injured animals, singing songs to the nocturnal creatures, and taking care of the Enchanted Forest as if it were the most precious thing in the world. As time went on, Luca learned to communicate with the magical creatures and became an integral part of the forest.

After many adventures and challenges, the Guardian of the Forest finally revealed itself to Luca. It was a majestic creature with roots that intertwined with the stars. The Guardian whispered the secret to him, a secret it had carried for centuries. The Enchanted Forest was the key to protecting nature and the balances of the world.

Luca and Aurora prepared to share the secret with the world, but they knew they had to do so carefully. In the heart of the night, they organized a grand party in the Enchanted Forest, inviting all the townspeople. The party was an explosion of joy, with magical creatures dancing among the trees and the town's inhabitants admiring the beauty of the forest.

Luca told them the secret of the Enchanted Forest: that love and respect for nature were essential for its survival and that each of them had an important role to play in its preservation. The entire community pledged to take care of nature and the Enchanted Forest.

The Enchanted Forest regained its ancient glory, thanks to Luca and his friends' love and attention. And so, the forest's mystery became a shared legend for everyone, a story of how a young boy and magical creatures worked together to protect the wondrous Enchanted Forest.

The Enchanted Forest was a place where dreams came true, a place of wonder and magic, and Luca knew that no matter how much the world changed, the Enchanted Forest would remain forever, as a secret refuge for those who believed in the magic of nature and the power of love.

Il Viaggio del Piccolo Pesciolino

C'era una volta un piccolo pesciolino di nome Pippo che viveva in un bellissimo reef corallino nell'oceano. Pippo era un pesciolino curioso e sognava di esplorare l'oceano profondo. Sua madre, la signora Pesciolina, gli raccontava spesso storie di avventure lontane, ma gli diceva sempre che l'oceano profondo era un luogo pericoloso.

Un giorno, mentre nuotava tra i colorati coralli e le spugne multiformi del reef, Pippo incontrò una misteriosa tartaruga marina di nome Tito. Tito aveva un guscio enorme e una saggezza infinita. Pippo si avvicinò a Tito e chiese: "Tito, mi piacerebbe tanto esplorare l'oceano profondo, ma mia madre dice che è pericoloso. Cosa dovrei fare?"

Tito sorrise gentilmente e rispose: "Caro Pippo, è vero che l'oceano profondo può essere spaventoso, ma è anche un luogo di meraviglie nascoste. Se sei curioso e coraggioso, puoi fare molte scoperte incredibili. Ma devi essere preparato."

Pippo era entusiasta e chiese a Tito di insegnargli tutto ciò che sapeva sull'oceano profondo. Tito acconsentì e iniziò a istruire Pippo sulle correnti marine, sulle creature misteriose che potevano essere incontrate e sui pericoli da evitare. Pippo ascoltava attentamente e imparava tutto ciò che poteva.

Dopo settimane di preparazione, Pippo era pronto per il suo viaggio nell'oceano profondo. Si sentiva sicuro grazie all'istruzione di Tito e all'incoraggiamento di sua madre. Salutò il suo rifugio nel reef corallino e si addentrò nelle acque più profonde dell'oceano.

Mentre nuotava attraverso le acque scure e profonde, Pippo si imbatté in creature straordinarie. Vide meduse luminescenti che illuminavano il buio, pesci luna giganti che sembravano alieni e polipi giganti con tentacoli lunghi come serpenti. Era affascinato dalla bellezza e dalla diversità dell'oceano profondo.

Ma non tutto era pacifico nell'oceano profondo. Pippo incontrò un pesce palla velenoso che cercò di avvicinarsi troppo, ma Pippo ricordò le parole di Tito e nuotò via velocemente. Evitò anche una corrente marina pericolosa che avrebbe potuto portarlo lontano da casa. La preparazione lo aveva reso cauto e sicuro.

Mentre il viaggio di Pippo continuava, si rese conto che aveva bisogno di aiuto per superare alcune sfide. Si avvicinò a un gruppo di amiche meduse e chiese gentilmente se potevano aiutarlo a attraversare una zona di correnti forti. Le meduse accettarono di buon grado e lo scortarono attraverso le acque pericolose.

Pippo era grato per l'aiuto e si rese conto che nell'oceano profondo, la cooperazione era fondamentale. Scoprì l'importanza di rispettare l'ambiente marino e tutte le creature che lo abitavano. Anche se non parlavano la sua lingua, Pippo imparò a comunicare con gli altri abitanti dell'oceano profondo attraverso il linguaggio del corpo e le espressioni.

Dopo molte avventure, Pippo raggiunse una profondità incredibile dell'oceano. Qui, vide un mondo meraviglioso di creature bioluminescenti e coralli luminescenti che brillavano come stelle. Era uno spettacolo che superava di gran lunga le sue aspettative.

Ma Pippo si rese anche conto che aveva raggiunto il punto più profondo dell'oceano e che era ora il momento di tornare a casa. Dopo tutto, aveva una madre che lo aspettava nel reef corallino. Pippo prese un'ultima occhiata al mondo magico dell'oceano profondo e iniziò la sua risalita.

Il viaggio di ritorno fu più veloce, ma Pippo ricordò tutto ciò che aveva imparato e affrontò con sicurezza le sfide che si presentarono lungo il percorso. Alla fine, tornò sano e salvo al suo rifugio nel reef corallino, dove la signora Pesciolina lo abbracciò con gioia.

Pippo raccontò a sua madre tutte le meraviglie che aveva visto nell'oceano profondo e quanto aveva imparato durante il suo viaggio. La signora Pesciolina era orgogliosa del coraggioso figlio e capì che il desiderio di esplorare l'ignoto era nel suo cuore.

Pippo sapeva che il suo viaggio nell'oceano profondo era stato straordinario, ma il suo vero tesoro era la lezione che aveva imparato: che la curiosità, la preparazione e il rispetto per gli altri e l'ambiente erano chiavi per affrontare le sfide della vita. E così, Pippo continuò a vivere nel reef corallino, sapendo che avrebbe sempre un mondo di meraviglie da esplorare quando si sentisse pronto per un nuovo viaggio.

The Journey of the Little Fish

Once upon a time, there was a little fish named Pip who lived in a beautiful coral reef in the ocean. Pip was a curious fish and dreamt of exploring the deep ocean. His mother, Mrs. Fish, often told him stories of distant adventures, but she always said that the deep ocean was a dangerous place.

One day, while swimming among the colorful corals and diverse sponges of the reef, Pip encountered a mysterious sea turtle named Tito. Tito had a large shell and boundless wisdom. Pip approached Tito and asked, "Tito, I would love to explore the deep ocean, but my mother says it's dangerous. What should I do?"

Tito smiled kindly and replied, "Dear Pip, it's true that the deep ocean can be scary, but it's also a place of hidden wonders. If you're curious and brave, you can make incredible discoveries. But you must be prepared."

Pip was excited and asked Tito to teach him everything he knew about the deep ocean. Tito agreed and began instructing Pip about ocean currents, the mysterious creatures that could be encountered, and the dangers to avoid. Pip listened attentively and learned everything he could.

After weeks of preparation, Pip was ready for his journey into the deep ocean. He felt confident, thanks to Tito's guidance and his mother's encouragement. He bid farewell to his shelter in the coral reef and ventured into the deeper waters of the ocean.

As he swam through the dark and deep waters, Pip encountered extraordinary creatures. He saw luminescent jellyfish that illuminated the darkness, giant moonfish that seemed alien, and gigantic octopuses with tentacles as long as serpents. He was fascinated by the beauty and diversity of the deep ocean.

But not everything was peaceful in the deep ocean. Pip met a poisonous pufferfish that tried to come too close, but Pip remembered Tito's words and swam away quickly. He also avoided a dangerous ocean current that could have taken him far from home. His preparation had made him cautious and safe.

As Pip's journey continued, he realized that he needed help to overcome some challenges. He approached a group of friendly jellyfish and politely asked if they could assist him in crossing a region with strong currents. The jellyfish agreed willingly and escorted him through the perilous waters.

Pip was grateful for the help and realized that in the deep ocean, cooperation was crucial. He discovered the importance of respecting the marine environment and all the creatures that inhabited it. Even though they didn't speak his language, Pip learned to communicate with the other denizens of the deep ocean through body language and expressions.

After many adventures, Pip reached an incredible depth of the ocean. Here, he saw a wonderful world of bioluminescent creatures and corals that shone like stars. It was a spectacle that far exceeded his expectations.

But Pip also realized that he had reached the deepest point of the ocean and that it was now time to return home. After all, he had a mother waiting for him in the coral reef. Pip took one last look at the magical world of the deep ocean and began his ascent.

The journey back was faster, but Pip remembered everything he had learned and confidently faced the challenges that arose along the way. In the end, he returned safely to his shelter in the coral reef, where Mrs. Fish embraced him with joy.

Pip told his mother about all the wonders he had seen in the deep ocean and how much he had learned during his journey. Mrs. Fish was proud of her brave son and understood that the desire to explore the unknown was in his heart.

Pip knew that his journey into the deep ocean had been extraordinary, but his true treasure was the lesson he had learned: that curiosity, preparation, and respect for others and the environment were key to facing life's challenges. And so, Pip continued to live in the coral reef, knowing that he would always have a world of wonders to explore when he felt ready for a new journey.

Il Piccolo Custode della Foresta

Nella profondità di una vasta foresta, c'era un luogo incantato noto come la Foresta delle Lucciole. Questa foresta era un mondo di magia, dove le lucciole brillavano come stelle, gli alberi sussurravano segreti e gli animali parlavano tra loro. La Foresta delle Lucciole era protetta da una forza misteriosa conosciuta come il "Cuore della Foresta", che era il suo custode segreto.

Un giorno, un piccolo elfo di nome Elio vagava nella foresta. Era un giovane elfo con occhi curiosi e un amore per la natura. Mentre esplorava la Foresta delle Lucciole, scoprì una lucciole ferita, con le ali ammaccate. Senza esitazione, Elio la raccolse delicatamente e la curò con le erbe magiche che aveva appreso dalla sua nonna.

La lucciole, di nome Stella, si riprese grazie all'aiuto di Elio. In cambio, Stella lo portò al Cuore della Foresta, una radura segreta nascosta tra gli alberi maestosi. Qui, Elio vide una sfera luminosa, il vero Cuore della Foresta, che pulsava con una luce magica. Era il custode segreto della Foresta delle Lucciole.

Il Cuore della Foresta, con una voce gentile, disse a Elio che la foresta era in pericolo. Un'ombra oscura minacciava di avvolgerla, portando con sé il pericolo per tutti gli abitanti della foresta. Il Cuore della Foresta lo scelse come il nuovo custode, affidandogli la missione di proteggere la foresta e salvare la magia che essa custodiva.

Elio accettò con orgoglio il compito e si mise al lavoro. Si consultò con gli animali della foresta, tra cui una civetta saggia di nome Ulisse e una volpe furba di nome Aurora. Insieme, tracciarono piani per difendere la Foresta delle Lucciole.

Iniziarono a piantare nuovi alberi, a creare recinzioni per proteggere le creature più fragili e a insegnare agli animali come collaborare per tenere lontani i pericoli. Con il tempo, la foresta tornò a prosperare e la magia tornò a brillare.

Ma la minaccia oscura non era ancora sconfitta. Un giorno, mentre Elio e i suoi amici si stavano preparando per una riunione importante, furono sorpresi da un branco di lupi malvagi. I lupi erano guidati da un antico spirito oscuro che voleva appropriarsi del potere della Foresta delle Lucciole.

Elio, Ulisse e Aurora combatterono coraggiosamente contro i lupi, ma sembrava che stessero per soccombere. Tuttavia, proprio quando sembrava che non ci fosse speranza, le lucciole della foresta si unirono in un brillante spettacolo di luce, confondendo e disorientando i lupi. Questo atto di solidarietà salvò la giornata.

L'antico spirito oscuro, vedendo la potenza della magia e dell'unità nella Foresta delle Lucciole, si ritirò. La foresta era finalmente al sicuro.

Elio, con l'aiuto degli abitanti della foresta e il Cuore della Foresta, aveva dimostrato di essere un custode coraggioso e amorevole. La Foresta delle Lucciole tornò a essere un luogo di incanto, con le lucciole che brillavano ancora più luminose grazie al loro nuovo custode.

Elio continuò il suo lavoro di proteggere la foresta e insegnò a tutti l'importanza della solidarietà e dell'amore per la natura. La Foresta delle Lucciole rimase un luogo magico e sicuro, e la magia della natura fu preservata grazie al piccolo custode e ai suoi amici animali.

The Little Guardian of the Forest

Deep within a vast forest, there was an enchanted place known as the Firefly Forest. This forest was a world of magic, where fireflies glowed like stars, trees whispered secrets, and animals spoke with one another. The Firefly Forest was protected by a mysterious force known as the "Heart of the Forest," which was its secret guardian.

One day, a young elf named Eli wandered into the forest. He was a curious young elf with inquisitive eyes and a love for nature. As he explored the Firefly Forest, he came across an injured firefly with battered wings. Without hesitation, Eli gently picked her up and healed her with the magical herbs he had learned from his grandmother.

The firefly, named Stella, recovered with Eli's help. In return, Stella led him to the Heart of the Forest, a hidden clearing among the majestic trees. Here, Eli saw a luminous sphere, the true Heart of the Forest, pulsating with magical light. It was the secret guardian of the Firefly Forest.

The Heart of the Forest, with a gentle voice, told Eli that the forest was in danger. A dark shadow threatened to engulf it, bringing danger to all the forest's inhabitants. The Heart of the Forest chose him as the new guardian, entrusting him with the mission to protect the forest and save the magic it held.

Eli accepted the task with pride and got to work. He consulted with the forest's animals, including a wise owl named Ulysses and a clever fox named Aurora. Together, they devised plans to defend the Firefly Forest.

They began planting new trees, creating fences to protect the more fragile creatures, and teaching the animals to work together to ward off dangers. Over time, the forest began to thrive once more, and the magic returned to shine brightly.

But the dark threat was not yet defeated. One day, as Eli and his friends were preparing for an important meeting, they were ambushed by a pack of wicked wolves. The wolves were led by an ancient dark spirit that sought to seize the power of the Firefly Forest.

Eli, Ulysses, and Aurora fought bravely against the wolves, but it seemed they might be overpowered. However, just when it appeared there was no hope, the fireflies of the forest joined together in a brilliant display of light, confusing and disorienting the wolves. This act of solidarity saved the day.

The ancient dark spirit, witnessing the power of magic and unity in the Firefly Forest, retreated. The forest was finally safe.

Eli, with the help of the forest's inhabitants and the Heart of the Forest, had proven to be a courageous and caring guardian. The Firefly Forest returned to being a place of enchantment, with the fireflies shining even brighter thanks to their new guardian.

Eli continued his work of protecting the forest and taught everyone the importance of unity and love for nature. The Firefly

Forest remained a magical and secure place, and the magic of nature was preserved thanks to the little guardian and his animal friends.

23

Il Segreto dei Gigli Magici

C'era una volta un piccolo villaggio ai piedi di una maestosa montagna. Nelle vicinanze, tra una fitta foresta di alberi alti e frondosi, c'era un giardino segreto noto come il Giardino dei Gigli Magici. Questo giardino era un luogo meraviglioso, in cui gigli dal profumo incantevole crescevano più alti di ogni altra pianta.

I gigli erano l'orgoglio del villaggio, e ogni anno veniva organizzato un concorso per vedere chi avrebbe coltivato il giglio più alto e più bello. Questo concorso era un grande evento nel villaggio, e la gente vi partecipava con entusiasmo, sperando di vincere il premio del "Giglio d'Oro."

Nel villaggio c'era una piccola bambina di nome Sofia. Era una bambina vivace con capelli ricci e occhi scintillanti. Amava la natura e trascorreva ore a esplorare la foresta, curiosa di scoprire il segreto dei gigli magici. Ogni anno, sua madre la portava al Giardino dei Gigli Magici per ammirare quelle splendide piante e sperare di vincere il concorso.

Un giorno, mentre Sofia era nel giardino con sua madre, notò qualcosa di strano. Vide un giglio piccolo e trascurato in un angolo, diverso dagli altri. Era pallido e appassito, ma Sofia vide qualcosa in esso, una scintilla di magia. Decise di prendersi cura di quel piccolo giglio trascurato e lo portò a casa.

Sofia lo innaffiò con cura, lo pose al sole e gli cantò canzoni dolci. Il giglio sembrava rispondere all'amore e alle cure di Sofia, e pian piano iniziò a riguadagnare la sua vitalità. Crescendo più alto e più bello giorno dopo giorno, il giglio dimostrò di essere speciale.

Con il passare del tempo, il piccolo giglio divenne un giglio maestoso, il più grande e più bello che Sofia avesse mai visto. Era così alto che raggiungeva il soffitto della sua cameretta, e i suoi petali avevano assunto colori cangianti, che variavano dal rosa delicato al viola profondo.

Il giorno del concorso per il "Giglio d'Oro" si avvicinava, e Sofia decise di iscrivere il suo giglio speciale. Ma quando lo portò al giardino, i giudici lo ignorarono e si concentrarono solo sui gigli piantati nel Giardino dei Gigli Magici. Sofia era delusa, ma non si arrese. Aveva una sorpresa speciale per il giorno del concorso.

Quando il giorno del concorso arrivò, la piazza del villaggio era affollata. I gigli nel Giardino dei Gigli Magici erano spettacolari, alti e vibranti di colori. I concorrenti erano ansiosi di vedere chi avrebbe vinto il prestigioso "Giglio d'Oro."

Sofia si presentò al concorso con il suo giglio speciale, ma i giudici scettici alzarono le sopracciglia. Tuttavia, quando Sofia posò il giglio davanti a loro, le loro facce si illuminarono. Era un giglio unico nel suo genere, diverso da tutti gli altri.

Quando Sofia raccontò la storia del suo giglio, come lo aveva salvato dalla trascuratezza e come aveva fiorito grazie al suo amore e alle sue cure, il pubblico scoppiò in un applauso scrosciante. I giudici non avevano dubbi, il "Giglio d'Oro" era suo.

La gente del villaggio ammirò Sofia non solo per la bellezza del suo giglio, ma anche per il suo cuore gentile. Capirono che c'era un segreto nei gigli magici: il vero loro potere risiedeva nell'amore e nelle cure che venivano loro dati.

Da quel giorno in poi, Sofia continuò a coltivare il suo giglio speciale, che era diventato un simbolo di amore e speranza per il villaggio. Ma il segreto dei gigli magici non fu mai davvero svelato. Erano piante speciali che fiorivano solo quando ricevevano amore e attenzioni sincere.

Il Giardino dei Gigli Magici divenne un luogo di condivisione e amore, dove la gente si prendeva cura delle piante e le piante si prendevano cura di loro. La magia dei gigli magici continuò a ispirare il villaggio per generazioni, ricordando loro che, anche nelle cose più semplici, c'è spesso un segreto magico da scoprire: l'amore e la dedizione.

The Secret of the Magic Lilies

Once upon a time, there was a small village nestled at the foot of a majestic mountain. Nearby, amidst a dense forest of tall, lush trees, there was a secret garden known as the Garden of Magic Lilies. This garden was a wondrous place where lilies with enchanting fragrances grew taller than any other plants.

The lilies were the pride of the village, and every year, a competition was held to see who could cultivate the tallest and most beautiful lily. This competition was a grand event in the village, and people enthusiastically participated in the hope of winning the coveted "Golden Lily" prize.

In the village, there was a little girl named Sofia. She was a lively child with curly hair and sparkling eyes. She loved nature and spent hours exploring the forest, curious to discover the secret of the magic lilies. Each year, her mother would take her to the Garden of Magic Lilies to admire those splendid plants and hope for a win in the competition.

One day, while Sofia was in the garden with her mother, she noticed something unusual. She saw a small, neglected lily in a corner, different from the others. It was pale and wilted, but Sofia saw something in it, a spark of magic. She decided to take care of that little neglected lily and brought it home.

Sofia watered it carefully, placed it in the sunlight, and sang sweet songs to it. The lily seemed to respond to Sofia's love and care, gradually regaining its vitality. Growing taller and more beautiful day by day, the lily proved to be special.

Over time, the small lily turned into a majestic lily, the tallest and most beautiful Sofia had ever seen. It was so tall that it reached the ceiling of her room, and its petals took on iridescent colors, shifting from delicate pink to deep purple.

The day of the competition for the "Golden Lily" drew near, and Sofia decided to enter her special lily. But when she took it to the garden, the skeptical judges ignored it and focused only on the lilies planted in the Garden of Magic Lilies. Sofia was disappointed, but she did not give up. She had a special surprise for the competition day.

When the competition day arrived, the village square was crowded. The lilies in the Garden of Magic Lilies were spectacular, tall and vibrant in colors. Contestants were eager to see who would win the prestigious "Golden Lily."

Sofia entered the competition with her special lily, and the skeptical judges raised their eyebrows. However, when Sofia placed the lily in front of them, their faces lit up. It was a one-of-a-kind lily, unlike any other.

As Sofia told the story of her lily, how she had rescued it from neglect and how it had flourished through her love and care, the audience burst into thunderous applause. The judges had no doubt; the "Golden Lily" belonged to her.

The villagers admired Sofia not only for the beauty of her lily but also for her kind heart. They understood that there was a secret in the magic lilies: their true power lay in the love and genuine care they received.

From that day onward, Sofia continued to nurture her special lily, which had become a symbol of love and hope for the village. Yet the secret of the magic lilies was never truly revealed. They were special plants that bloomed only when they received sincere love and attention.

The Garden of Magic Lilies became a place of sharing and love, where people took care of the plants, and the plants took care of them. The magic of the magic lilies continued to inspire the village for generations, reminding them that even in the simplest things, there is often a magical secret to discover: love and devotion.

L'avventura del Piccolo Esploratore

C'era una volta un piccolo esploratore di nome Edoardo. Non era un esploratore come gli altri, né aveva un cappello piumato o un mantello di seta. Era solo un ragazzino curioso con un cappello di carta e un bastone come sua lancia.

Edoardo abitava in un piccolo villaggio circondato da alte montagne. Amava guardare le cime delle montagne e fantasticare su cosa ci fosse oltre. Ogni sera, mentre il sole tramontava, immaginava mondi misteriosi, creature fantastiche e avventure incredibili.

Un giorno, mentre era seduto sulle rive di un piccolo fiume, Edoardo notò qualcosa di insolito. C'era una bottiglia di vetro con un messaggio all'interno che giaceva sulla riva. Con curiosità, la recuperò e tirò fuori il messaggio. Diceva: "Vieni a cercare il segreto delle montagne."

Era una chiamata all'avventura che Edoardo non poteva ignorare. Decise di intraprendere un viaggio per scoprire il segreto delle montagne. Preparò il suo cappello di carta e il suo bastone da esploratore e partì all'alba, lasciando un biglietto a sua madre per dirle che sarebbe tornato con un grande segreto.

Edoardo camminò lungo sentieri tortuosi, attraversò fiumi impetuosi e scalò pendii ripidi. La sua piccola ombra si allungava mentre il sole brillava alto nel cielo. Ogni passo lo avvicinava sempre di più al segreto delle montagne.

Durante il suo viaggio, Edoardo incontrò animali straordinari. Un'aquila maestosa gli indicò la direzione giusta, mentre una volpe astuta gli raccontò storie di vecchie leggende montane. Un gruppo di simpatiche marmotte lo avvertì dei pericoli che poteva incontrare lungo il percorso.

Mentre camminava attraverso una foresta fitta, Edoardo fece amicizia con una famiglia di cerbiatti. Giocarono insieme, e i cerbiatti gli dissero che il segreto delle montagne era custodito da un custode misterioso. Doveva dimostrare il suo coraggio e la sua gentilezza per scoprire il segreto.

Il piccolo esploratore, animato dalle storie dei cerbiatti, si diresse verso le vette delle montagne. Con ogni passo, il paesaggio si faceva sempre più suggestivo. Nuvole bianche danzavano tra le cime delle montagne, e il vento gli sussurrava segreti antichi.

Mentre saliva sempre più in alto, Edoardo si imbatté in un sentiero che lo portò a una cascata scintillante. L'acqua ricadeva dolcemente tra rocce coperte di muschio, creando un'atmosfera magica. Vicino alla cascata, incontrò una tartaruga anziana chiamata Leonardo.

Leonardo era il custode delle montagne, l'ultimo guardiano di un segreto antico e prezioso. Guardando Edoardo negli occhi, gli disse: "Per scoprire il segreto delle montagne, devi dimostrare il tuo coraggio e la tua gentilezza."

Edoardo accettò la sfida con un sorriso. Leonardo gli fece attraversare un ponte di corda che dondolava sospeso sopra una gola profonda. Il piccolo esploratore avanzò con cautela, dimostrando il suo coraggio. Dall'altra parte del ponte, trovò un piccolo uccellino con l'ala ferita. Con gentilezza, lo prese tra le mani e lo curò con amore.

Leonardo sorrise e disse: "Hai dimostrato il tuo coraggio e la tua gentilezza. Ora sei pronto a scoprire il segreto delle montagne."

Il custode lo guidò attraverso un sentiero nascosto tra le rocce. Alla fine del percorso, c'era una grotta segreta. All'interno, Edoardo trovò un'enorme stanza piena di tesori. C'erano cristalli scintillanti, libri antichi, e una mappa che mostrava i segreti nascosti delle montagne.

Il custode spiegò a Edoardo che il segreto delle montagne non era un tesoro, ma la conoscenza e la comprensione della bellezza e della magia della natura. Era un dono che poteva portare con sé nel suo cuore e condividere con il mondo.

Edoardo, con gratitudine nel cuore, tornò al suo villaggio portando con sé il segreto delle montagne. Raccontò storie di avventure e condivise la bellezza della natura con gli altri. Il suo cappello di carta e il suo bastone da esploratore erano diventati simboli di coraggio, gentilezza e scoperta.

Il piccolo esploratore aveva imparato che la vera avventura era nell'amore per la natura e nella condivisione di ciò che aveva imparato. E così, il suo villaggio fu ispirato a esplorare il mondo intorno a loro, scoprendo il segreto della bellezza della natura e l'importanza di proteggerla. La magia delle montagne era ora condivisa con tutti, grazie a un piccolo esploratore che aveva dimostrato il suo coraggio e la sua gentilezza.

The Adventure of the Little Explorer

Once upon a time, there was a little explorer named Edward. He wasn't like other explorers, nor did he have a feathered hat or a silk cape. He was just a curious boy with a paper hat and a stick for a lance.

Edward lived in a small village surrounded by tall mountains. He loved to look at the mountain peaks and fantasize about what lay beyond. Every evening, as the sun set, he imagined mysterious worlds, fantastical creatures, and incredible adventures.

One day, while sitting on the banks of a small river, Edward noticed something unusual. There was a glass bottle with a message inside lying on the shore. With curiosity, he retrieved it and pulled out the message. It read, "Come seek the secret of the mountains."

It was a call to adventure that Edward could not ignore. He decided to embark on a journey to discover the secret of the mountains. He prepared his paper hat and his explorer's stick and set off at dawn, leaving a note for his mother, telling her that he would return with a great secret.

Edward walked along winding paths, crossed swift rivers, and climbed steep slopes. His small shadow stretched as the sun shone high in the sky. Every step brought him closer to the secret of the mountains.

During his journey, Edward encountered extraordinary animals. A majestic eagle pointed him in the right direction, while a clever fox told him stories of old mountain legends. A group of friendly marmots warned him of the dangers he might encounter along the way.

As he walked through a dense forest, Edward befriended a family of fawns. They played together, and the fawns told him that the secret of the mountains was guarded by a mysterious guardian. He had to prove his courage and kindness to discover the secret.

The little explorer, inspired by the fawns' stories, headed towards the mountain peaks. With every step, the landscape became more and more enchanting. White clouds danced among the mountain peaks, and the wind whispered ancient secrets.

As he climbed higher and higher, Edward stumbled upon a trail that led to a sparkling waterfall. The water gently fell over moss-covered rocks, creating a magical atmosphere. Near the waterfall, he met an old tortoise named Leonardo.

Leonardo was the guardian of the mountains, the last keeper of an ancient and precious secret. Looking into Edward's eyes, he said, "To discover the secret of the mountains, you must prove your courage and kindness."

Edward accepted the challenge with a smile. Leonardo led him across a swinging rope bridge suspended over a deep gorge. The little explorer advanced cautiously, demonstrating his courage. On the other side of the bridge, he found a small injured bird. With kindness, he cradled it in his hands and nursed it back to health with love.

Leonardo smiled and said, "You have shown your courage and kindness. Now, you are ready to discover the secret of the mountains."

The guardian guided him through a hidden path among the rocks. At the end of the trail, there was a secret cave. Inside, Edward found an enormous room filled with treasures. There were sparkling crystals, ancient books, and a map that revealed the hidden secrets of the mountains.

The guardian explained to Edward that the secret of the mountains was not a treasure but the knowledge and understanding of the beauty and magic of nature. It was a gift he could carry in his heart and share with the world.

Edward, with gratitude in his heart, returned to his village carrying the secret of the mountains. He told stories of adventure and shared the beauty of nature with others. His paper hat and explorer's stick had become symbols of courage, kindness, and discovery.

The little explorer had learned that the real adventure was in the love of nature and in sharing what he had learned. And so, his village was inspired to explore the world around them, discovering the secret of the beauty of nature and the importance of protecting it. The magic of the mountains was now shared with everyone, thanks to a little explorer who had demonstrated his courage and kindness.

Il Piccolo Strumento Magico

C'era una volta, in un piccolo borgo nascosto tra le colline verdi, un bambino di nome Carlo. Carlo aveva una passione che lo faceva sentire diverso dagli altri bambini: adorava la musica. Fin da piccolissimo, cercava di creare melodie con tutto ciò che riusciva a trovare. Batteva ritmicamente sulle pentole e sui coperchi della cucina e tirava fuori melodie magiche da oggetti apparentemente inanimati.

La sua famiglia era meravigliata dalla sua creatività e incoraggiava il suo amore per la musica. Un giorno, suo nonno gli regalò un antico flauto di legno che aveva fatto da giovane. Il flauto era fatto a mano e aveva un suono unico, come se racchiudesse i segreti della natura stessa. Carlo lo considerò il suo tesoro più prezioso e iniziò a suonarlo con passione.

Carlo passava ore nel bosco circostante, seduto su un tronco d'albero, mentre il flauto intonava melodie che sembravano parlare alle creature della foresta. Gli uccelli cinguettavano in risposta alle sue note, e le api danzavano nel ritmo della sua musica. Il vento portava via le sue melodie fino al cielo, e le nuvole si dipingevano di colori più vivaci.

Un giorno, mentre Carlo suonava nel bosco, notò una figura scura in lontananza. Era un bruco gigante, più grande di qualsiasi bruco avesse mai visto. Il bruco si avvicinò, incuriosito dalla musica di Carlo. Con un lungo corpo peloso, il bruco sembrava danzare al ritmo delle note.

Carlo smise di suonare e si avvicinò al bruco. Iniziò a parlare con lui e scoprì che il bruco si chiamava Beniamino. Era un bruco diverso dagli altri, poiché aveva un sogno straordinario: desiderava volare tra le nuvole.

Carlo, con il suo flauto e il suo amore per la musica, decise di aiutare Beniamino a realizzare il suo sogno. Creò melodie speciali per lui, melodie che sembravano sollevarlo dal terreno. Il bruco si arrampicò su un ramo e, ispirato dalla musica, iniziò a tessere un bozzolo.

I giorni passarono, e Carlo continuò a suonare per Beniamino, mentre il bruco rimaneva nel suo bozzolo. Infine, quando la melodia raggiunse il suo culmine, il bozzolo si aprì, e da esso emerse una splendida farfalla. Beniamino aveva realizzato il suo sogno di volare tra le nuvole.

La farfalla danzò nell'aria al ritmo della musica di Carlo, portando con sé il suo spirito leggero. Carlo e Beniamino condividevano ora una connessione speciale, un'amicizia nata dalla musica e dalla realizzazione di un sogno.

Con il passare del tempo, Carlo e Beniamino diventarono inseparabili. La musica del flauto di Carlo era il vento sotto le ali di Beniamino, portandolo in voli sempre più alti. Attraversarono insieme fiumi scintillanti, boschi profumati e prati fioriti.

Ma un giorno, mentre Carlo suonava il suo flauto nel bosco, un brutto temporale si abbatté sulla zona. Le nuvole si fecero scure, e i tuoni riecheggiarono nell'aria. Carlo cercò di ripararsi, ma temeva per Beniamino.

Beniamino lottò nel vento violento e cercò di tornare da Carlo, ma il temporale era troppo forte. Una raffica lo colpì, e fu portato via in aria, lontano da Carlo.

Carlo era disperato. Sentiva di aver perso il suo amico più caro, la farfalla che aveva aiutato a realizzare il suo sogno. Pioveva a dirotto, ma non smise di suonare il suo flauto. La musica era il suo modo di onorare Beniamino e di tenere viva la loro connessione.

Quando il temporale alla fine si placò, Carlo si alzò e si preparò a tornare a casa. Ma all'improvviso, una farfalla apparve dinanzi a lui. Era Beniamino, tornato da qualche parte. Aveva sfidato il temporale e lo aveva superato.

La farfalla danzò intorno a Carlo, come per dirgli grazie per tutto ciò che aveva fatto. Carlo sorrise e sapeva che la musica aveva legato per sempre il loro spirito.

Da quel giorno, Carlo continuò a suonare il suo flauto nel bosco, ispirando non solo Beniamino ma tutte le creature della foresta. La sua musica portava gioia e speranza ovunque andasse, e i suoi amici lo chiamavano "Il Piccolo Strumento Magico."

The Little Magical Instrument

Once upon a time, in a small village hidden among the green hills, there was a boy named Carlo. Carlo had a passion that made him feel different from the other children: he loved music. Since he was very young, he tried to create melodies with everything he could find. He rhythmically beat on kitchen pots and lids and coaxed enchanting tunes from seemingly inanimate objects.

His family was amazed by his creativity and encouraged his love for music. One day, his grandfather gave him an ancient handcrafted wooden flute he had made when he was young. The flute was handmade and had a unique sound, as if it contained the secrets of nature itself. Carlo considered it his most precious treasure and began to play it with passion.

Carlo spent hours in the surrounding woods, sitting on a tree stump, while the flute played melodies that seemed to speak to the creatures of the forest. Birds chirped in response to his notes, and bees danced to the rhythm of his music. The wind carried his melodies to the sky, and the clouds painted themselves in brighter colors.

One day, while Carlo played in the woods, he noticed a dark figure in the distance. It was a giant caterpillar, larger than any caterpillar he had ever seen. The caterpillar approached, intrigued by Carlo's music. With its long, hairy body, it seemed to dance to the rhythm of the notes.

Carlo stopped playing and approached the caterpillar. He started to talk to it and found out that the caterpillar's name was Benjamin. He was a caterpillar different from the others because he had an extraordinary dream: he wished to fly among the clouds.

Carlo, with his flute and his love for music, decided to help Benjamin achieve his dream. He created special melodies for him, melodies that seemed to lift him from the ground. The caterpillar climbed onto a branch and, inspired by the music, began to spin a cocoon.

Days passed, and Carlo continued to play for Benjamin, while the caterpillar remained in its cocoon. Finally, when the melody reached its climax, the cocoon opened, and a beautiful butterfly emerged. Benjamin had realized his dream of flying among the clouds.

The butterfly danced in the air to the rhythm of Carlo's music, carrying with it its light spirit. Carlo and Benjamin now shared a special connection, a friendship born of music and the fulfillment of a dream.

Over time, Carlo and Benjamin became inseparable. The music of Carlo's flute was the wind beneath Benjamin's wings, lifting him higher and higher. Together, they traveled across sparkling rivers, fragrant forests, and flowery meadows.

But one day, while Carlo played his flute in the woods, a fierce storm swept through the area. The clouds darkened, and thunder echoed in the air. Carlo tried to take cover, but he feared for Benjamin.

Benjamin struggled in the violent wind and tried to return to Carlo, but the storm was too strong. A gust of wind struck him, and he was carried away into the distance.

Carlo was desperate. He felt he had lost his dearest friend, the butterfly he had helped fulfill his dream. It was pouring rain, but he did not stop playing his flute. Music was his way of honoring Benjamin and keeping their connection alive.

When the storm finally subsided, Carlo got up and prepared to return home. But suddenly, a butterfly appeared in front of him. It was Benjamin, returned from somewhere. He had braved the storm and had overcome it.

The butterfly danced around Carlo, as if to thank him for everything he had done. Carlo smiled and knew that the music had forever bound their spirits.

From that day on, Carlo continued to play his flute in the woods, inspiring not only Benjamin but all the creatures of the forest. His music brought joy and hope wherever he went, and his friends called him "The Little Magical Instrument."

Il Dragone e la Sua Piccola Scoperta

C'era una volta un piccolo villaggio situato in una valle incantevole, circondato da verdi colline e un fiume serpeggiante. La vita nel villaggio era tranquilla e serena, finché un giorno qualcosa di straordinario accadde. Un piccolo drago decise di far visita al villaggio.

Il drago non era come quelli delle vecchie leggende, enormi e minacciosi. Era piccolo, dal pelle scintillante e occhi curiosi. Il drago, che aveva il nome di Dario, non aveva nessuna intenzione di spaventare o incenerire il villaggio. Era affamato di conoscenza e desiderava imparare tutto ciò che il mondo aveva da offrire.

Il piccolo drago Dario si avvicinò al villaggio con curiosità. Il primo incontro con gli abitanti fu spaventoso per entrambe le parti. Gli abitanti del villaggio furono terrorizzati nel vedere un drago, anche se piccolo, mentre Dario si sentì travolto dall'agitazione delle persone.

Ma fortunatamente, un coraggioso bambino di nome Luca si avvicinò a Dario. Aveva occhi gentili e un sorriso caloroso. Disse a Dario che non doveva temere, che non gli avrebbe fatto del male. Dario rispose con un ruggito timido che suonava più come un borbottio.

Luca e Dario divennero subito amici. Il bambino spiegò al drago che il villaggio non aveva mai visto un drago prima e quindi aveva avuto paura. Dario si scusò per averli spaventati e spiegò il suo desiderio di imparare e scoprire il mondo.

Luca, con il suo cuore gentile, decise di aiutare Dario. Lo portò al villaggio e lo presentò a tutti. Iniziarono a insegnargli le cose del mondo, dall'arte della pesca al segreto della panificazione. Dario imparava velocemente e con entusiasmo.

Ben presto, il piccolo drago divenne un membro apprezzato della comunità. I bambini del villaggio adoravano ascoltarlo mentre raccontava storie dei luoghi da cui proveniva. Le mamme del villaggio gli insegnavano a cucinare, e i papà gli mostravano come fare piccole riparazioni.

Ma c'era una cosa che Dario non aveva ancora scoperto, qualcosa che gli abitanti del villaggio non sapevano come insegnargli: come volare. Dario sognava di poter alzarsi in volo come gli altri draghi.

Un giorno, Luca portò Dario in una passeggiata sulle colline circostanti. Mentre camminavano, Dario vide uccelli che volavano liberamente nel cielo. Ne rimase affascinato e chiese a Luca come potesse fare lo stesso.

Luca spiegò che il volo era un dono degli uccelli e dei draghi. Non c'era modo per un essere umano o un drago di imparare a volare. Ma Luca, notando la tristezza negli occhi di Dario, gli promise che avrebbero fatto qualcosa di speciale insieme.

Quella sera, Luca e Dario si sedettero sotto il cielo stellato. Luca disse a Dario che, anche se non poteva insegnargli a volare nel cielo, poteva insegnargli a volare nei suoi sogni. Gli disse che ogni volta che sognavi con tutto il cuore, potevi sentirsi come se volassi.

Dario ascoltò attentamente le parole di Luca e capì che i sogni erano un modo magico per esplorare mondi diversi. Dopo quella notte, Dario iniziò a sognare ogni notte. Sognava di volare tra le stelle, di visitare luoghi lontani e di fare scoperte incredibili.

I suoi sogni erano così vividi che poteva sentire il vento tra le sue ali immaginarie e vedere paesaggi mozzafiato. Era felice di poter esplorare il mondo nei suoi sogni, anche se non poteva farlo nella realtà.

Con il passare del tempo, Dario condivise le storie dei suoi sogni con gli abitanti del villaggio. Le sue storie ispirarono i bambini a sognare e a esplorare mondi fantastici nelle loro immaginazioni. Il villaggio divenne un luogo in cui la magia dei sogni era viva, grazie a Dario.

Un giorno, mentre Dario era a passeggio nei boschi, trovò una strana pianta con frutti colorati. Ne raccolse alcuni e li portò al villaggio. Gli abitanti del villaggio erano incuriositi da quei frutti mai visti prima, ma nessuno sapeva cosa fossero.

Dario chiese a Luca se poteva aiutarlo a scoprire di più su questi frutti. Luca, che amava la scienza, decise di esaminarli. Con l'aiuto di Dario, scoprirono che quei frutti erano speciali e avevano il potere di aiutare le persone a sognare.

Luca preparò una pozione dai frutti e la offrì al villaggio. Gli abitanti del villaggio iniziarono a bere la pozione prima di andare a dormire, e i loro sogni divennero più vividi e magici.

Cominciarono a sognare di volare nei cieli, esplorare mondi fantastici e scoprire segreti nascosti.

Il villaggio divenne famoso per le sue storie oniriche, e la gente da lontano arrivava per ascoltarle. Dario aveva portato un nuovo tipo di magia nel villaggio, la magia dei sogni.

E così, Dario, il piccolo drago, aveva imparato che anche se non poteva volare nel cielo, poteva volare nei suoi sogni. Aveva portato la magia dei sogni nel villaggio, ispirando le persone a credere nei propri sogni e a esplorare mondi fantastici nelle loro menti.

The Dragon and His Little Discovery

Once upon a time, there was a small village nestled in a lovely valley, surrounded by green hills and a winding river. Life in the village was quiet and peaceful until one day something extraordinary happened. A little dragon decided to pay a visit to the village.

The dragon was not like the ones from old legends, huge and menacing. He was small, with sparkling scales and curious eyes. The dragon, whose name was Dario, had no intention of frightening or incinerating the village. He was hungry for knowledge and desired to learn everything the world had to offer.

The little dragon Dario approached the village with curiosity. The first encounter with the villagers was frightening for both parties. The villagers were terrified to see a dragon, even a small one, while Dario felt overwhelmed by the people's agitation.

Fortunately, a brave boy named Luca approached Dario. He had kind eyes and a warm smile. He told Dario not to fear, that he wouldn't harm him. Dario responded with a timid growl that sounded more like a murmur.

Luca and Dario became instant friends. The boy explained to the dragon that the village had never seen a dragon before, and that's why they had been scared. Dario apologized for frightening them and explained his desire to learn and discover the world.

Luca, with his kind heart, decided to help Dario. He brought him into the village and introduced him to everyone. They started teaching him the ways of the world, from the art of fishing to the secrets of baking. Dario learned quickly and eagerly.

Soon, the little dragon became a beloved member of the community. The village children adored listening to him as he told stories of the places he came from. The village mothers taught him how to cook, and the fathers showed him how to make small repairs.

But there was one thing that Dario hadn't discovered yet, something the villagers didn't know how to teach him: how to fly. Dario dreamed of soaring through the skies like other dragons.

One day, Luca took Dario on a walk in the surrounding hills. As they walked, Dario saw birds flying freely in the sky. He was captivated and asked Luca how he could do the same.

Luca explained that flying was a gift of the birds and the dragons. There was no way for a human or a dragon to learn how to fly. But Luca, noticing the sadness in Dario's eyes, promised him that they would do something special together.

That evening, Luca and Dario sat under the starry sky. Luca told Dario that even though he couldn't teach him to fly in the sky, he could teach him to fly in his dreams. He said that every time you dream with all your heart, you can feel as if you're flying.

Dario listened attentively to Luca's words and realized that dreams were a magical way to explore different worlds. After that night, Dario began to dream every night. He dreamed of flying among the stars, visiting distant places, and making incredible discoveries.

His dreams were so vivid that he could feel the wind between his imaginary wings and see breathtaking landscapes. He was happy to explore the world in his dreams, even if he couldn't do it in reality.

As time went by, Dario shared the stories of his dreams with the villagers. His stories inspired the children to dream and explore fantastic worlds in their imaginations. The village became a place where the magic of dreams was alive, thanks to Dario.

One day, while Dario was walking in the woods, he found a strange plant with colorful fruits. He picked some and brought them back to the village. The villagers were intrigued by these fruits they had never seen before, but no one knew what they were.

Dario asked Luca if he could help him learn more about these fruits. Luca, who loved science, decided to examine them. With Dario's help, they discovered that these fruits were special and had the power to help people dream.

Luca prepared a potion from the fruits and offered it to the village. The villagers began to drink the potion before going to sleep, and their dreams became more vivid and magical. They started to dream of flying in the skies, exploring fantastic worlds, and discovering hidden secrets.

The village became famous for its dreamy stories, and people from afar came to listen. Dario had brought a new kind of magic to the village, the magic of dreams.

And so, Dario, the little dragon, had learned that even though he couldn't fly in the sky, he could fly in his dreams. He had brought the magic of dreams to the village, inspiring people to believe in their dreams and to explore fantastic worlds in their minds.

L'Avventura di Sofia e il Libro Incantato

C'era una volta una bambina di nome Sofia, con lunghi capelli neri e occhi scintillanti di curiosità. Sofia amava leggere più di ogni altra cosa al mondo. Aveva una piccola libreria nella sua stanza, piena di libri di ogni genere, da storie di avventure a favole magiche.

Un giorno, mentre Sofia girava per una vecchia libreria nel centro del suo paese, scorse un libro dall'aspetto molto strano. Era un libro antico con copertina di cuoio e pagine ingiallite dal tempo. Il titolo era "Il Libro delle Meraviglie." Sofia si avvicinò e lo prese tra le mani.

Appena toccò il libro, si sentì come se una scarica di energia magica le attraversasse il corpo. Le sue mani si illuminarono leggermente, e le pagine del libro cominciarono a sfogliarsi da sole. Sofia non poteva credere ai suoi occhi. Sembrava che il libro fosse vivo.

Curiosa e affascinata, Sofia decise di portare il libro a casa e iniziare a leggerlo. Non appena aprì il libro, vide parole che saltavano fuori dalla pagina e danzavano nell'aria. Le parole la invitavano a unirsi a loro in un viaggio di avventure incredibili.

Sofia non poteva resistere. Si immerse nelle pagine del libro e, all'istante, si trovò in un mondo magico. Era un mondo fatto di foreste incantate, creature straordinarie e luoghi misteriosi. Sofia aveva davvero iniziato la sua avventura.

Incontrò creature come fate, unicorni e draghi amichevoli. Ogni pagina del libro la portava in un luogo diverso, e ogni luogo aveva una sfida da superare. Sofia dimostrò di essere coraggiosa e intelligente, risolvendo enigmi e aiutando le creature del mondo magico.

Un giorno, Sofia si ritrovò in una foresta oscura e misteriosa. Era così buia che non poteva vedere nulla davanti a sé. Ma non era sola. Un piccolo gufo magico di nome Ollie si posò sulla sua spalla e le disse che avrebbero dovuto trovare la Luce delle Stelle per uscire dalla foresta.

Sofia e Ollie si misero in viaggio, e insieme affrontarono creature delle tenebre e superarono ostacoli. Lungo il percorso, Sofia imparò l'importanza dell'amicizia e del coraggio. Ollie si rivelò un amico fidato, e insieme potevano superare qualsiasi difficoltà.

Finalmente, dopo molte avventure, Sofia e Ollie trovarono la Luce delle Stelle. Era una piccola lucciola che brillava intensamente. La lucciola li guidò fuori dalla foresta oscura e li riportò nel mondo del libro.

Sofia si ritrovò nella libreria, con il libro ancora tra le mani. Aveva vissuto un'esperienza incredibile, ma ora doveva dire addio a quel mondo magico. Chiuse il libro con un sorriso e lo ripose con gentilezza nello scaffale.

Da quel giorno in poi, Sofia continuò a leggere molti libri, ma nessuno sarebbe mai stato come "Il Libro delle Meraviglie." Ogni volta che lo guardava, sapeva che in quel libro c'era un mondo di avventure, aspettando solo di essere scoperto.

59

Sofia's Adventure and the Enchanted Book

Once upon a time, there was a girl named Sofia, with long black hair and eyes sparkling with curiosity. Sofia loved reading more than anything else in the world. She had a small bookshelf in her room, filled with books of all kinds, from adventure stories to magical fairy tales.

One day, as Sofia was browsing an old bookstore in the center of her town, she spotted a book that looked very peculiar. It was an ancient book with a leather cover and pages yellowed with age. The title read "The Book of Wonders." Sofia approached and picked it up.

As soon as she touched the book, she felt a surge of magical energy coursing through her body. Her hands slightly lit up, and the pages of the book began to flip on their own. Sofia couldn't believe her eyes. It seemed as though the book was alive.

Curious and fascinated, Sofia decided to take the book home and start reading it. As soon as she opened the book, she saw words leaping off the page and dancing in the air. The words invited her to join them on a journey of incredible adventures.

Sofia couldn't resist. She immersed herself in the pages of the book, and instantly, she found herself in a magical world. It was a world of enchanted forests, extraordinary creatures, and mysterious places. Sofia had truly begun her adventure.

She met beings such as fairies, unicorns, and friendly dragons. Each page of the book took her to a different place, and every place had a challenge to overcome. Sofia proved to be brave and clever, solving puzzles and helping the creatures of the magical world.

One day, Sofia found herself in a dark and mysterious forest. It was so dark that she couldn't see anything in front of her. But she wasn't alone. A little magical owl named Ollie perched on her shoulder and told her they would have to find the Light of the Stars to escape the dark forest.

Sofia and Ollie embarked on a journey and faced creatures of darkness and overcame obstacles together. Along the way, Sofia learned the importance of friendship and courage. Ollie proved to be a loyal friend, and together, they could overcome any challenge.

Finally, after many adventures, Sofia and Ollie found the Light of the Stars. It was a small firefly that shone brightly. The firefly guided them out of the dark forest and brought them back to the world of the book.

Sofia found herself back in the bookstore, with the book still in her hands. She had lived an incredible experience, but now she had to say goodbye to that magical world. She closed the book with a smile and placed it back on the shelf with care.

From that day on, Sofia continued to read many books, but none would ever be like "The Book of Wonders." Every time she looked at it, she knew that in that book, there was a world of adventures, waiting to be discovered.

www.ingramcontent.com/pod-product-compliance
Lightning Source LLC
Chambersburg PA
CBHW070315160726
47999CB00003B/1026